Lk 1706

OBSERVATIONS

ADRESSÉES

A M. LE PRÉFET DE LA GIRONDE

CONTRE LE PROJET D'AGRANDISSEMENT

DU CIMETIÈRE DE CENON-LA-BASTIDE.

BORDEAUX,

Imprimerie MÉTREAU et Comp., rue du Parlement-Sainte-Catherine, 19.

1855.

OBSERVATIONS

ADRESSÉES

A M. LE PRÉFET DE LA GIRONDE,

CONTRE

LE PROJET D'AGRANDISSEMENT DU CIMETIÈRE DE CENON-LA-BASTIDE.

Je suis fermement résolu à m'opposer, par tous les moyens de droit et d'équité, avec toute l'énergie et toute la persévérance dont je suis capable, à la réalisation du projet dont la Commission municipale de Cenon-La-Bastide menace mes intérêts.

Cette inébranlable résolution a principalement pour cause ma conviction profonde que cette malencontreuse entreprise de l'agrandissement du cimetière, est à la fois basée sur l'oubli des dispositions formelles de la loi et sur l'oubli des besoins réels de la commune.

Peu de mots suffiront au développement de ces deux vérités.

I.

OUBLI DE LA LOI.

Dès l'origine du projet, la Commission municipale de Cenon-La-Bastide s'est montrée peu soucieuse de l'asseoir, en droit, sur les bases que prescrit la législation spéciale qui régit la matière.

Ce dédain du droit n'est pas moins manifeste en ce qui touche la forme que quant au fond.

Les deux paragraphes suivants vont établir cette démonstration.

§ 1er — *Examen de la forme.*

Aux termes de l'ordonnance royale du 23 août 1835, les travaux proposés par un Conseil municipal doivent être soumis à une première enquête, qui ne peut s'ouvrir que sur un projet assez détaillé pour en faire comprendre la nature, les moyens et l'objet.

La population que l'entreprise intéresse doit surtout savoir si le terrain, sur lequel doivent être exécutés les travaux, est le plus convenablement situé.

C'est ce que prescrit formellement la circulaire du Ministre de l'intérieur du 30 décembre 1843, relative aux cimetières communaux :

« Une formalité préliminaire est *obligatoire*, dit le Ministre, je
» veux parler de l'enquête de *commodo* et *incommodo*, qui doit
» porter uniquement *sur le choix du terrain.* »

Donc, dans l'espèce et pour vêtir la loi, il fallait, avant tout, qu'une enquête de *commodo* et *incommodo* permit aux habitants de Cenon-La-Bastide d'apprécier, par la comparaison, le meilleur choix, qu'il y avait lieu de faire, du terrain le plus convenable à l'établissement ou à l'agrandissement d'un cimetière.

Il était indispensable de placer sous les yeux des habitants, non-seulement le plan de ma propriété, mais aussi le plan des lieux circonvoisins, notamment celui du domaine de M. Firmin Dussaut, dont la situation, au nord, convient parfaitement à la réalisation du projet.

Or, aucune de ces formalités n'a été accomplie. La Commission municipale a elle-même choisi et désigné mon terrain ; aucun autre n'a été indiqué dans l'avant-projet sur lequel la première enquête a été ouverte. Donc, l'option, impossible en fait, est, à ce point de vue, la démonstration de l'oubli du droit.

Il eût fallu, en outre, aux termes de l'ordonnance royale du 23 août 1835, que l'appréciation des dépenses fût faite au moins sommairement. Cette appréciation est habituellement le résultat d'une expertise préalable.

Or, cette condition essentielle à la validité de l'enquête, la Commission municipale a dédaigné de la vêtir. Elle s'est bornée à déclarer qu'il ne lui avait pas été possible de se fixer sur le chiffre de la dépense que nécessiterait l'achat de mon terrain, mais qu'il n'y avait pas à s'inquiéter de ce défaut de constatation, puisque l'on pouvait prendre, pour base d'appréciation, le prix d'achat du terrain qui fut l'objet de la première expropriation.

Mais, est-ce bien là se conformer juridiquement à l'article deux de l'ordonnance royale du 23 août 1835 ? La valeur actuelle et la valeur ancienne des terrains de la côte de Cenon sont-elles identiques ? Ne fallait-il pas au moins faire connaître quel fut le chiffre fixé lors de la première expropriation, pour qu'à défaut d'une dépense détaillée et totalisée, l'on pût avoir une base qui permit de la calculer ?

Donc, sous ce nouveau rapport, la Commission municipale a oublié de se conformer à la loi.

Elle l'a encore oublié au point de vue que voici :

Aux termes du numéro deux de sa circulaire du 30 décembre 1843,
le Ministre de l'intérieur prescrit aux Préfets, que lorsqu'il s'agira
de la translation ou de l'agrandissement d'un cimetière, ils aient,
avant de procéder à tous autres actes, à faire constater la néces-
sité de cette mesure.

Or, cette constatation doit être faite, dit le Ministre :

« Par un rapport circonstancié d'hommes de l'art, que vous
» chargerez de constater les dangers ou les inconvénients résul-
» tant soit de la situation topographique, soit de l'insuffisance d'é-
» tendue, soit de la nature du sol du cimetière, soit de toute autre
» cause. C'est sur ce rapport, et après que le Conseil municipal
» en aura délibéré, que vous prendrez un arrêté, pour déclarer
» qu'il y a lieu à la suppression de l'ancien cimetière. »

Ainsi, un rapport, au point de vue de l'hygiène et de la nature
du sol, doit être, avant tout, dressé par des hommes de l'art dé-
signés par M. le Préfet, et c'est d'après ce rapport qu'il y a lieu
de prendre une délibération.

Or, je m'empresse de reconnaître qu'une Commission composée
de trois membres, MM. Fauré, Barbet et Clémenceau, a été
chargée d'examiner les faits prévus par la circulaire du Ministre.

Je conviens aussi que le rapport de cette Commission, à la date
du 21 octobre 1853, est au nombre des pièces qui figurent dans
le dossier du projet.

Mais a-t-on respecté les conclusions de ce rapport ? Telle est
la question à examiner.

.La Commission constate d'abord que le sol du cimetière actuel est de telle nature qu'il arrête longtemps la décomposition des corps, et qu'on a trouvé des cadavres presque entièrement conservés, lorsqu'on a opéré des fouilles pour de nouveaux enterrements.

MM. Fauré, Barbet et Clémenceau pensent conséquemment que ma propriété, d'un hectare cinquante ares environ, *doit être acquise en entier*, afin de pouvoir abandonner immédiatement le cimetière actuel, et d'éloigner désormais les inhumations de l'église et des bâtiments de la cure.

En d'autres termes, les trois hommes de l'art rejettent formellement le projet *d'acquisition partielle de mon terrain*.

Or, dans cette situation, quel était le devoir de **M.** le Maire et de son Conseil?

La circulaire ministérielle du 30 décembre 1843 l'indique clairement. Le rapport de **MM.** Fauré, Barbet et Clémenceau a dû servir de base à la délibération de la Commission municipale; elle n'a pu s'en écarter, sans rendre illusoires les garanties que la loi donne à la population, au point de vue de la santé publique; elle ne peut exproprier que mon domaine tout entier.

Donc elle n'a pas le droit de procéder à une expropriation partielle, et la délibération qui a décidé le contraire ne peut être maintenue par **M.** le Préfet, sans consacrer le mépris formel des prescriptions de la circulaire du 30 décembre 1843.

Mais là ne se bornent pas l'oubli et le dédain des formalités dont la loi protége le propriétaire, auquel on impose le sacrifice de son domaine.

Suivant l'article deux de l'ordonnance royale du 23 août 1835, l'enquête doit s'ouvrir, ainsi qu'on l'a déjà vu, sur un projet où l'on doit faire connaître, avec le but de l'entreprise, le plan et le tracé des travaux.

C'est pour se conformer à cette disposition que M. le Préfet de la Gironde a déclaré, dans son arrêté du 12 mai 1855, que les plans relatifs à l'agrandissement du cimetière de Cenon-La-Bastide seraient déposés, pendant quinze jours, à la Mairie, où chaque habitant pourrait en prendre connaissance.

Le délai de quinzaine, prévu par cet arrêté, a commencé à courir le 20 du même mois.

Il y avait donc lieu de penser qu'à dater de ce jour, lesdits plans seraient à la disposition des habitants.

Je me suis présenté, en conséquence, à la Mairie, le 25 mai, accompagné de mon conseil, et je demandai que l'on me fît connaître, par l'examen du plan des lieux, la partie du terrain dont on voulait m'exproprier.

Mais cette pièce, une des principales qui devaient figurer au dossier, n'y était pas jointe, et le Secrétaire de la Mairie déclara ne pouvoir me la présenter, ajoutant qu'elle avait été retirée par un de MM. les Adjoints.

C'était une grave irrégularité ; je dus en établir la constatation le jour même, en faisant signifier à M. le Maire de Cenon-La-

Bastide, suivant exploit, enregistré, du ministère de Salinier, huissier de l'arrondissement de Bordeaux, un acte extra-judiciaire, où je fis observer que ni l'article deux de l'ordonnance royale du 23 août 1835, ni l'article premier de l'arrêté de **M.** le Préfet du 12 mai 1855 n'avaient été vêtus, et où je protestai dans les termes suivants :

« En conséquence de l'absence de ces pièces importantes, après » cinq jours écoulés depuis le 20 mai courant, **M.** Baron déclare » à **M.** le Maire de Cenon-La-Bastide qu'il fait toutes protesta- » tions et réserves, pour les faire valoir ultérieurement, ainsi que » l'exigeront ses intérêts. »

Dans sa réponse à l'huissier, **M.** le Maire fut bien obligé de convenir du fait, mais il fit consigner dans l'acte que le plan dont s'agit était resté déposé à la Mairie les jours précédents, qu'il avait l'intention de le faire replacer dans le dossier du projet le lendemain, et que conséquemment je n'avais pas à me plaindre.

Or, qui ne voit la conséquence de ce fait? Alors même qu'il serait prouvé que le plan dont s'agit a réellement été déposé à la Mairie le 20 mai, qu'il y est resté jusqu'au 24 du même mois, avec la pensée de l'y reporter le 26 ou le 27, est-ce qu'il ne sera pas toujours vrai que ceux qui, comme moi, se sont présentés le 25 mai pour prendre connaissance de cette pièce, ont été privés de la voir?

Peut-on consciencieusement compter, comme jours de dépôt, ceux où la pièce était ailleurs qu'à la Mairie? — Non, sans doute.

Or, dans ce cas, quel était le devoir de **M.** le Maire, pour échapper à la violation des articles deux et trois de l'ordonnance royale du 23 août 1835 , qui prescrivent le dépôt des plans, pendant quinze jours consécutifs ? C'était évidemment de se conformer à la disposition finale du dernier de ces deux articles, ainsi conçue :

« **Les délais ci-dessus prescrits** pour le dépôt des pièces à la » Mairie, et pour la durée de l'enquête, pourront être prolongés » par le Préfet. »

Ainsi, le législateur a prévu la possibilité d'un empêchement à ce que quelques-unes des pièces soient déposées au moment voulu, et il a édicté qu'au dit cas, une augmentation de délai pourra être accordée.

La ligne de conduite que devait suivre M. le Maire de Cenon-La-Bastide était donc nettement tracée : pour ne pas violer les formalités indispensables auxquelles il était soumis, il devait obtenir de M. le Préfet une augmentation de délai.

Il a préféré se mettre au-dessus de la loi, considérer ma protestation comme non-avenue et passer outre. Voilà pourquoi son enquête est incontestablement nulle.

Mais le grief que je viens d'exposer, en ce qui touche le plan , vient de se compliquer d'un fait nouveau , plus grave encore que le premier.

Il paraît que le tracé primitif ne doit pas être exécuté ; car, depuis la clôture de l'enquête, on s'est transporté de grand matin dans ma propiété, où, pendant mon sommeil, à l'emplacement d'abord choisi, l'on a substitué un emplacement différent : ce qu'il m'a été facile de remarquer, en comparant les nouveaux jalons aux lignes primitivement tracées.

Or, si ce fait est exact, si le premier tracé est changé, et si, pendant les quinze jours qui ont précédé l'enquête, le nouveau plan, qui n'était pas encore arrêté, n'a pu être placé sous les yeux des habitants de La Bastide, pourra-t-on prétendre sérieusement que les formes protectrices, qui viennent d'être rappelées, n'ont pas été dédaignées, et qu'un tel mépris de la loi n'annulle pas les actes qui en portent les traces?

Il faut donc reconnaître qu'il n'y a pas eu d'enquête. Tout concourt à cette démonstration, tout, jusqu'à la manière dont a été interprété l'article trois de l'ordonnance royale du 23 août 1835, qui prescrit de recevoir les déclarations des habitants, pendant trois jours consécutifs.

Peut-on dire, en effet, avec vérité, qu'en ne recevant les 4, 5 et 6 juin, les observations des citoyens, que depuis midi jusqu'à une heure et demie, M. le Commissaire-enquêteur s'est conformé aux prescriptions de la loi? Est-ce qu'il est possible que quatre heures et demie puissent composer trois jours?

Aussi est-il arrivé ceci : au dernier jour, ou plutôt à la dernière heure, le bureau de la Mairie était encombré, et là, au vote individuel, a été substitué le vote collectif, et ce, sur la demande de M. le Commissaire de police de la localité.

Ne dois-je pas ajouter que ce Magistrat a été constamment présent aux opérations de l'enquête; n'ai-je pas le droit de m'en plaindre?

Qui pourra déclarer libre une enquête faite en présence d'un des Magistrats de la commune, le plus influent et le plus redouté par la nature de ses fonctions, qui se rend d'abord dans les cafés et les cabarets, s'adresse à tous ceux que les lois de police placent sous sa dépendance et se présente, ainsi escorté, au bureau de la Mairie?

Et s'il arrive que ce Magistrat, une fois entré dans le bureau, défende aux citoyens de se consulter, les empêche de s'éclairer mutuellement et exerce son influence sur les votes, par sa présence et par ses paroles, qui osera dire, en ce cas, qu'une telle enquête a pour base la liberté?

Je ne crains pas de l'affirmer, c'est là un acte que l'esprit de la loi réprouve essentiellement. La garantie de l'enquête ne se réduit-elle pas, audit cas, à une vaine formalité? N'est-elle pas illusoire?

Que l'on veuille bien remarquer, en effet, que la loi ne veut pas que ce soit le Maire de la commune, auteur du projet d'acquisition, qui préside l'enquête. Ce soin est confié à un Commissaire-enquêteur, étranger à la localité, pour que les habitants aient la faculté d'exprimer librement leur avis; et il serait permis au Maire d'une commune d'éluder cette sage prévision de la loi, en se faisant remplacer par un Commissaire de police!

Ayant à examiner une situation analogue, le 12 août 1839, M. le Ministre de l'intérieur déclara l'instruction irrégulière, et renvoya les pièces au Préfet, pour que celui-ci procédât à nouveau. (*Bulletin des circulaires du Ministre de l'intérieur*, 20 janvier 1840).

Il est donc certain que M. le Préfet ne considérera pas comme sérieuse cette prétendue enquête, composée de déclarations recrutées par le Commissaire de police, chez tous ceux qui sont sous sa dépendance, recueillies en sa présence, sous son regard et sous l'influence de ses paroles.

Cette irrégularité est d'autant plus blâmable, que dans son arrêté du 26 juillet 1854, M. le Préfet avait eu le soin de prescrire tout ce qui pouvait contribuer à donner au votant la faculté d'émettre, sans entrave, son opinion sur le projet d'agrandissement du cimetière.

L'article 4 de cet arrêté est en effet ainsi conçu :

« Tous les habitants seront appelés et admis, sans distinction,
» à émettre leur vœu sur l'objet de l'enquête et à *expliquer libre-*
» *ment* ce qu'ils en pensent, et à déduire les motifs de leur opi-
» nion. »

L'article 5 du même arrêté ajoute la formalité importante que voici :

« Les déclarations seront individuelles et se feront successive-
» ment ; elles seront signées des déclarants, ou certifiées confor-
» mes à la déposition orale, pour ceux qui ne savent pas écrire,
» par la signature du Commissaire-enquêteur, qui les recevra et
» en fera immédiatement mention sur son procès-verbal. Lors
» même que les déclarations seraient identiques, elles devraient
» être consignées *distributivement* dans le procès-verbal, et, au-
» tant qu'il sera possible, dans les termes propres des déclarants. »

Tel est le droit bien clairement exprimé. Or, voici le fait :

Dans la salle de la Mairie, où les déclarations sont recueillies, est un Commissaire de police qui pérore et influence. Est-ce là laisser un citoyen *s'expliquer librement?*

A la fin de la séance, tous les habitants de la commune présents, sont invités en masse à signer une déclaration collective. Est-ce là recevoir *successivement* des déclarations individuelles, est-ce là les consigner *distributivement?*

Une telle enquête serait donc la dérision de la loi, une véritable moquerie. Pour tout homme sérieux, il n'y a pas eu d'enquête. Donc, au point de vue de la forme, l'expropriation repose sur une base illégale.

Mais la loi a-t-elle été au moins respectée en ce qui touche le fond?

§ 2. — *Examen du fond.*

J'ai soutenu la négative de la question posée dans ma protestation ; je vais me borner à rappeler les principaux motifs que j'y ai consignés.

J'ai invoqué l'article trois du décret du 23 prairial an XII, qui porte que les terrains exposés au nord doivent être choisis de préférence.

A cette disposition de la loi, l'on ne peut raisonnablement opposer que l'impossibilité du fait. Mais peut-on soutenir, dans l'espèce, que cette impossibilité existe, lorsqu'il est constant qu'au nord du cimetière actuel se trouve non-seulement une parcelle de terrain, mais la propriété entière de M. Firmin Dussaut, qui a offert de l'échanger avec le presbytère actuel.

Je sais bien que la Commission municipale a prétendu, dans sa délibération du 1er septembre 1854, qu'il *a été constaté* que le terrain de la partie nord a l'inconvénient de conserver les corps beaucoup plus longtemps que les autres parties. Mais qui donc a fait cette constatation ? Il serait bien difficile de répondre à cette question.

C'est donc là tout simplement la violation de l'article trois du décret du 23 prairial an **XII**.

D'autre part, il y a lieu de remarquer que la circulaire ministérielle du 30 décembre 1843, relative aux cimetières communaux, porte textuellement ceci :

« Nul doute que l'établissement des cimetières ne puisse don-
» ner lieu à l'application de la loi du 3 mai 1841, sur l'expro-
» priation pour cause d'utilité publique. Néanmoins, on ne doit
» recourir à cette mesure extrême qu'avec la plus grande réserve,
» et qu'autant qu'il serait *absolument impossible* de trouver à ache-
» ter amiablement, dans la commune, aucun autre terrain propre
» aux inhumations ; car, comme l'a fait observer judicieusement
» le Comité de l'intérieur, dans plusieurs avis, la *convenance* ou
» l'*avantage* que trouverait la commune à prendre tel ou tel ter-
» rain, ne serait pas un motif suffisant pour en exproprier le pro-
» priétaire. Lors donc qu'il s'agit de procéder par voie d'expro-
» priation, il devient indispensable de produire, à l'appui du pro-
» cès-verbal d'enquête, dressé dans les formes prescrites par
» l'ordonnance réglementaire du 23 août 1835, un certificat *du*
» *Maire et du Commissaire-enquêteur* attestant qu'il n'existe, en
» effet, sur le territoire de la commune, aucun autre emplacement
» également convenable pour servir de cimetière, et que le pro-
» priétaire consentirait à céder à l'amiable. »

Ainsi, avant de recourir à une expropriation, il faut qu'il soit absolument impossible de trouver à acheter amiablement, dans la commune, aucun autre terrain propre aux inhumations.

Or, peut-on dire, en présence des faits de la cause, que cette impossibilité existe, lorsque, ainsi qu'on le verra bientôt, l'on trouve, dans la plaine, plusieurs propriétés qui remplissent, beaucoup mieux que la mienne, le but qu'il s'agit d'atteindre?

D'autre part, et d'après la même circulaire, l'expropriation ne peut non plus être appuyée sur un motif suffisant, lorsqu'elle n'est demandée que parce que la commune y trouve avantage et économie.

Mais n'est-ce pas là le seul moyen invoqué par M. le Maire de Cenon-La-Bastide et par son Conseil? Cette raison, avouée en fait, est donc repoussée en droit.

Ce n'est pas tout : il faut, en outre, nécessairement produire un certificat du Maire et du Commissaire-enquêteur, constatant qu'il n'existe, sur le territoire de la commune, aucun autre emplacement convenable pour servir de cimetière.

Cette pièce est indispensable, et il m'a été donné de lire, à la Mairie, une lettre jointe au dossier, écrite par M. Dosquet, qui engage expressément M. Lagrave à se la procurer, pour combattre, avantageusement, devant le Ministre, dit-il, mon opposition, si je la renouvelle.

Hé bien ! ce document indispensable, qu'ont dû signer M. le Maire et M. le Commissaire-enquêteur, n'existe pas à l'appui de l'enquête. Il est même impossible de le présenter, puisque l'honorable M. Trapaud de Colombe, Commissaire-enquêteur, qui a

protesté contre le projet d'agrandissement du cimetière, a consi-
gné, dans sa protestation du 6 juin dernier, la déclaration que
voici :

« Je n'hésite pas à croire qu'avec un examen plus attentif, quel-
» ques sacrifices et de plus sérieuses recherches, on ne pût trou-
» ver beaucoup mieux. »

Ainsi, non–seulement M. le Maire n'a pu joindre au dossier le
certificat de M. le Commissaire-enquêteur, mais je produis moi-
même un certificat contraire, émané de ce même fonctionnaire.

On ne peut donc comprendre qu'au mépris de toutes ces dispositions édictées dans l'intérêt de la propriété, l'on puisse passer
outre à l'expropriation projetée. Ce serait, il faut le reconnaître,
un acte aussi scandaleux qu'inique. Ce ne sont pas de tels actes
que M. le Préfet, de Mentque, sanctionne de son autorité.

II.

OUBLI DES BESOINS RÉELS DE LA COMMUNE.

Les considérations de fait, en ce qui touche les besoins des habitants de La Bastide, se réunissent, nombreuses, pour re-
pousser le malencontreux projet d'agrandissement du cimetière.

Qui ne voit, en effet, que La Bastide ne peut faire inhumer
ses morts sur la côte élevée de Cenon ? Ce point est évidemment
trop éloigné du milieu où est agglomérée la population. Un cimetière est plus que la dernière demeure de ceux qui s'en vont, c'est
aussi un lieu saint destiné à l'accomplissement de pieux devoirs
imposés à ceux qui restent.

M. le Maire et son Conseil n'ont pas le droit de priver une fille de la consolation d'aller prier, tous les jours, sur la tombe de sa mère, d'arroser le gazon et de cultiver les fleurs dont elle s'est plu à l'orner. Ne serait-ce pas lui infliger cette privation, que la condamner à une course de huit kilomètres, pour l'aller et le retour?

« Lorsque je serai avancé en âge, disait dernièrement un habi-
» tant de La Bastide, si j'ai le malheur de survivre à ceux qui ont
» mes affections, je veux pouvoir visiter le lieu de leur repos,
» sans m'imposer une fatigue qui soit au-dessus de mes forces. »

Le jour où seront célébrées les obsèques d'un citoyen, tous ses amis lui feront cortége, s'ils peuvent accomplir ce devoir, sans dérober six ou huit heures à leurs affaires. Le temps est pour tous, riches et pauvres, un patrimoine précieux qu'aucune muni-cipalité n'a le droit d'amoindrir.

Établir un cimetière à une telle distance, c'est donc blesser les affections les plus honorables.

N'est-ce pas aussi attrister l'homme religieux? Le digne Pas-teur de La Bastide doit bien souffrir, lorsqu'il est obligé d'aban-donner, sur le seuil même de son église, la dépouille mortelle d'un de ses paroissiens, qui est emportée souvent sans cortége, toujours sans prière, et qui n'est déposée que plus d'une heure après dans la tombe qui lui est destinée.

Aussi, dans sa protestation contre le projet, s'exprime-t-il ainsi :

« Les raisons sur lesquelles j'appuie mon opinion, sont : 1° l'é-

» lévation toujours croissante de cette population si intéressante ;
» 2° l'énorme distance qu'il faut parcourir pour le transport des
» corps ; 3° la morale religieuse trop souvent exposée à être ou-
» tragée, par l'absence de tout contrôle dans les convois fu-
» nèbres, contrôle qui s'y rencontrerait, si le cimetière, au lieu
» d'être à l'extrémité presque de la commune, se trouvait à portée
» de l'église de la plaine. »

Cette longue distance qui, d'après le projet, doit séparer le
cimetière du centre de la population, blesse donc à la fois les affections et les sentiments religieux.

Ne dois-je pas ajouter qu'elle blesse aussi les intérêts ?

Elle a évidemment pour effet d'élever le chiffre des frais funéraires. Les individus qui exercent le métier si pénible de trans-
porter les morts à leur dernière demeure, doivent être plus nom-
breux que s'il ne s'agissait que de franchir une courte distance.
Leur salaire ne devra-t-il pas être dans la proportion de leur
fatigue et du temps qu'ils auront employé ?

Et, dans un jour d'épidémie, pourrez-vous suffire à tous les
besoins ?

Sans doute l'on peut compter, dans ce cas, sur le dévouement
des citoyens ; mais, ne peut-il pas arriver que les personnes les
plus dévouées se trouvent éloignées de la commune, ou bien re-
tenues chez elles, soit par des affaires urgentes, soit par d'autres
soins pieux ?

Et puis, au point de vue des frais funéraires, ne devrez-vous
pas mettre en ligne de compte ceux que seront obligés de payer

au Curé de Cenon les personnes pieuses qui pensent, dans leur foi, que la prière du prêtre doit bénir un cercueil, au moment même où il est descendu dans la tombe ?

Ces grandes et petites réceptions de ceux qui s'en vont, n'est-ce pas un impôt dont vous frappez ceux qui restent ?

Reconnaissez donc que votre projet méconnaît réellement les besoins de la commune.

Ce n'est discutable pour personne, pas même pour M. le Maire et son Conseil, qui font remarquer que la population va toujours croissant ; ce qui veut dire, évidemment, qu'à une époque peu éloignée le cimetière, deux fois agrandi, sera encore insuffisant.

Je ne suis pas le seul à argumenter de cette insuffisance.

M. Trapaud de Colombe, Commissaire-enquêteur, en a fait la remarque dans sa protestation du 6 juin dernier, contre le projet d'agrandissement du cimetière.

Après avoir fait observer que la population de La Bastide surpasse aujourd'hui cinq mille âmes, et que cette commune tend à en avoir bien davantage, à une époque peut-être très-rapprochée, M. Trapaud de Colombe s'exprime ainsi :

« L'ancien cimetière n'a que trente-deux ares, et, dans cet
» espace, se trouve l'église avec son pourtour dégagé. En y joi-
» gnant trente-deux ares, cela ne fera tout au plus qu'un cime-
» tière de quarante-cinq à cinquante ares, qui sera évidemment
» encore trop petit...... »

Plus loin il ajoute :

« Je reviens à mon opinion d'exiguité du cimetière, et je ne
» crois pas me tromper en prévoyant qu'avant huit ans il faudra
» un autre cimetière. Celui que la commune de Floirac vient
» d'acquérir a quarante-trois ares cinquante-cinq centiares, pour
» une population de 1,200 à 1,300 âmes, et je ne le crois pas
» trop grand. »

Ainsi, les fonds de la commune vont être consacrés à une mesure purement provisoire, à un simple expédient, alors que la
prévoyance et l'avenir exigent la réalisation d'un projet définitif.

N'est-ce pas, en outre, ici le lieu de faire remarquer les inconvénients graves qui naissent de la nature du sol? Lorsqu'il s'agit
de l'établissement d'un cimetière, l'on recherche habituellement
un terrain propre à la décomposition facile des corps ; c'est là une
des conditions impérieuses qu'il doit réunir. Habituellement aussi
et pour la même raison, l'on se garde bien de choisir des fonds
dont les sous-couches soient argileuses et conservent ainsi, comme
dans une coupe, l'eau qu'ils ne peuvent consommer, qu'il leur est
impossible d'absorber.

Voilà ce qu'exigent à la fois la science, l'expérience et la santé
publique; voilà ce que consultent toujours, ce que respectent
constamment toutes les Municipalités, sauf toutefois celle de La
Bastide.

Il est, en effet, à remarquer que la Commission d'hygiène a
constaté que le sol du cimetière actuel, et conséquemment celui
de ma propriété attenante, sont impropres à la décomposition des
cadavres, qui restent plongés dans l'eau et que l'on déterre tout
entiers, même après six ans écoulés depuis leur inhumation.

C'est ce que vient d'établir de nouveau la Commission municipale de Cenon–La–Bastide, dans sa séance constitutionnelle du 11 mai dernier, où se trouvent les constatations suivantes :

« Un membre signale qu'il tient du sacristain-fossoyeur qu'un
» corps, enterré depuis six ans ou six ans et demi, a dû être dé-
» terré pour faire place à de nouvelles fosses, et que ce corps,
» malgré qu'il se trouvât dans un état complet de putréfaction, se
» trouvait encore tellement entier, qu'il s'est vu obligé de le glis-
» ser de nouveau dans une nouvelle fosse. »

« Un autre membre signale que plusieurs habitants de La Bas-
» tide, venant d'assister hier, 10 du courant, à un enterrement,
» lui ont déclaré avoir parfaitement vu un cadavre encore entier,
» que l'on venait de déterrer, en y creusant une nouvelle fosse,
» et que ce cadavre était, au dire du sacristain-fossoyeur, celui
» d'un habitant de La Bastide. »

Ainsi, d'après ce compte-rendu, d'un style sans doute peu correct, mais dont l'exactitude ne peut être contestée, voilà un terrain qui, après six ans, rend les corps entiers et en putréfac-tion. Est-il possible de fermer les yeux sur des faits aussi graves, et de choisir pour cimetière un sol aussi impropre à cette des-tination !

C'est cependant ce que n'ont pas hésité de faire M. le Maire et son Conseil.

On comprend d'autant moins une telle détermination, que l'on a souvent désigné, dans la plaine, des terrains parfaitement con-venables, et dont l'acquisition a été refusée, sous des prétextes qu'une administration éclairée comme celle de Cenon-La-Bastide n'eût pas dû mettre en avant.

Ainsi l'on proposa à la commune en 1843, d'acquérir un terrain situé au bas de la côte de Cenon, sur un niveau élevé, bordant le chemin qui conduit de la nouvelle route de Paris à l'ancienne. Ce terrain, appartenant alors à Mlle Blumerel, a été vendu depuis à M. Ambaud, négociant à La Bastide.

Pourquoi ne donna-t-on pas suite à cette proposition, soit en traitant à l'amiable, soit en recourant, au besoin, à l'expropriation pour cause d'utilité publique?

Mais cette propriété était loin d'être la seule qui fût propre à être convertie en cimetière. Dans sa séance du 21 juillet 1843, le Conseil municipal prit une délibération où l'on remarque le considérant que voici :

« Sur la proposition de M. Delbos, relative au nouveau cimetière,

» Considérant que le local le plus convenable serait une partie » de la prairie que Mlle Dufour-Dubessan possède à l'angle de la » route royale n° 136 et le chemin de Trugey, le Conseil invite » et autorise M. le Maire à faire, auprès de cette dame, toutes » les démarches nécessaires pour obtenir la concession de ce ter- » rain, aux conditions les plus avantageuses. »

Les propriétés que l'on voudrait sérieusement convertir en cimetière ne manquent donc pas dans la plaine.

On peut en citer d'autres proposées aussi au Conseil municipal et qu'il a dépendu et qu'il dépend toujours de la municipalité de choisir, notamment un terrain cultivé en vigne, proposé au Conseil municipal, le 7 juillet 1854, par une Commission nom-

mée à cet effet. Ce terrain est situé au bas de la côte de Cenon,
ayant son entrée par le chemin des Queyries, vis-à-vis le vivier
de M. Godefroy, et bordant, au sud, la prairie de Mme veuve
Deschamps.

Or, si un emplacement est facile à trouver dans la plaine, quel
est donc l'obstacle qui s'oppose à ce que la commune en fasse
l'acquisition? Le premier obstacle avoué provient, dit-on, de
l'humidité du sol. Mais est-ce bien sérieux? qui ne sait aujour-
d'hui que, par des travaux de drainage peu dispendieux, l'on par-
vient facilement à assainir les endroits les plus marécageux?
N'avez-vous pas en outre les terrassements que vous pouvez exé-
cuter aussi à peu de frais, en utilisant, à cet effet, les sables et
les vases que, dans l'intérêt de la navigation, l'on extrait, tous
ies ans, de la rive droite du fleuve?

Il n'y a donc pas lieu de s'arrêter à cette première objection.

La seconde, tirée du chiffre de la dépense, n'est pas plus accep-
table. Il faut considérer, en effet, que la création d'un cimetière
étant d'intérêt public, il y a lieu d'en payer la dépense, soit par
des centimes additionnels, soit par la vente des terrains que la
commune possède.

Il ne faut pas perdre de vue aussi que, s'il est d'une mauvaise
administration d'engager l'avenir d'une commune, dans des dépenses qui ne profitent qu'à la génération actuelle, il est d'une
excellente administration d'y faire participer les générations futu-
res, lorsqu'il s'agit d'une mesure d'intérêt permanent.

Et puis, ne doit-on pas considérer que les dépenses que va
nécessiter l'agrandissement du cimetière actuel, mesure momen-
tanée, vont s'élever à un chiffre bien plus haut qu'on ne pense.

Il ne faut pas oublier, en effet, que le terrain de ma propriété est en pente, d'une déclivité telle que, pour le soutenir, des murs solides devront être construits, et que ces constructions, aux fondements profonds, nécessiteront des frais deux fois plus élevés que ceux prévus par la Commission municipale.

D'autre part, n'a-t-on pas aussi des travaux de terrassements à faire, travaux bien plus difficiles et bien plus dispendieux que dans la plaine?

Ajoutez à ces dépenses le prix de trente-deux ares de terrain qu'il s'agit d'acquérir. Si le premier agrandissement du cimetière, dont l'augmentation ne fut que de 385 mètres carrés, au détriment de ma propriété, m'a été payé 1,500 francs par la commune, c'est-à-dire plus de *quatre francs le mètre carré*, les 3,200 mètres carrés (32 ares), dont on veut m'exproprier aujourd'hui, ne seront-ils pas portés à près de 12,800 francs?

Mais ce chiffre devra être incontestablement dépassé, si l'on considère que ce qui n'était, lors de la première expropriation, qu'une réduction minime de ma propriété, va devenir, par l'exécution du projet nouveau, un amoindrissement tellement considérable, que ce domaine, dont mon père a refusé 35,000 francs, n'aura plus même le tiers de sa valeur.

Reconnaissez donc enfin que vous suivez une mauvaise voie, et remerciez-moi de vous arrêter, alors qu'il en est temps encore.

Je crois avoir démontré, dans l'intérêt de la commune, que sa Commission municipale a commis la faute de se mettre au-dessus des lois qui régissent la matière, faute d'autant plus blâmable, qu'il s'agissait d'une entreprise qui, étant en réalité une atteinte grave portée au droit privé, ne peut jamais se réaliser qu'appuyée sur le respect des formes dont le législateur a voulu protéger spécialement la propriété.

J'ai prouvé, en outre, que les besoins réels et bien compris de La Bastide exigent que l'on renonce à un projet provisoire, déjà condamné par le chiffre toujours croissant de la population, et qu'au lieu de gaspiller ainsi les fonds communaux, il est indispensable d'opter pour le projet définitif, réellement moins coûteux, d'un cimetière à établir dans la plaine.

J'ai donc accompli mon devoir; que la Commission municipale accomplisse le sien, et bientôt La Bastide aura un champ de repos qui réunira toutes les conditions désirables : convenance religieuse, proximité, économie, salubrité, étendue.

Cenon-Labastide, le 18 juillet 1855.

A. BARON.

Bordeaux. — Imp. Métreau et Comp., rue du Parlement-Sainte-Catherine, 19·